TRANZLATY

Sprache ist für alle da

Jazyk je pre každého

Die Schöne und das Biest

Kráska a Zviera

Gabrielle-Suzanne Barbot de Villeneuve

Deutsch / Slovenčina

Copyright © 2025 Tranzlaty
All rights reserved
Published by Tranzlaty
ISBN: 978-1-80572-027-0
Original text by Gabrielle-Suzanne Barbot de Villeneuve
La Belle et la Bête
First published in French in 1740
Taken from The Blue Fairy Book (Andrew Lang)
Illustration by Walter Crane
www.tranzlaty.com

Es war einmal ein reicher Kaufmann
Bol raz jeden bohatý obchodník
dieser reiche Kaufmann hatte sechs Kinder
tento bohatý obchodník mal šesť detí
Er hatte drei Söhne und drei Töchter
mal troch synov a tri dcéry
Er hat keine Kosten für ihre Ausbildung gescheut
nešetril na ich vzdelávaní
weil er ein vernünftiger Mann war
pretože to bol rozumný muž
aber er gab seinen Kindern viele Diener
ale svojim deťom dal veľa sluhov
seine Töchter waren überaus hübsch
jeho dcéry boli veľmi pekné
und seine jüngste Tochter war besonders hübsch
a jeho najmladšia dcéra bola obzvlášť pekná
Schon als Kind wurde ihre Schönheit bewundert
už ako dieťa obdivovali jej krásu
und die Leute nannten sie nach ihrer Schönheit
a ľudia ju volali podľa jej krásy
Ihre Schönheit verblasste nicht, als sie älter wurde
starnutím jej krása nevybledla
Deshalb nannten die Leute sie weiterhin wegen ihrer Schönheit
tak ju ľudia stále volali podľa jej krásy
das machte ihre Schwestern sehr eifersüchtig
to spôsobilo, že jej sestry veľmi žiarli
Die beiden ältesten Töchter waren sehr stolz
dve najstaršie dcéry mali veľkú dávku hrdosti
Ihr Reichtum war die Quelle ihres Stolzes
ich bohatstvo bolo zdrojom ich hrdosti
und sie verbargen ihren Stolz nicht
a ani oni neskrývali svoju hrdosť
Sie besuchten nicht die Töchter anderer Kaufleute
nenavštevovali dcéry iných obchodníkov
weil sie nur mit Aristokraten zusammentreffen

pretože sa stretávajú len s aristokraciou
Sie gingen jeden Tag zu Partys
chodili každý deň na párty
Bälle, Theaterstücke, Konzerte usw.
plesy, hry, koncerty a pod
und sie lachten über ihre jüngste Schwester
a smiali sa svojej najmladšej sestre
weil sie die meiste Zeit mit Lesen verbrachte
pretože väčšinu času trávila čítaním
Es war allgemein bekannt, dass sie reich waren
bolo dobre známe, že sú bohatí
so hielten mehrere bedeutende Kaufleute um ihre Hand an
tak ich o ruku požiadalo niekoľko významných obchodníkov
aber sie sagten, sie würden nicht heiraten
ale povedali, že sa nebudú vydávať
aber sie waren bereit, einige Ausnahmen zu machen
ale boli pripravení urobiť nejaké výnimky
„Vielleicht könnte ich einen Herzog heiraten"
"Možno by som sa mohol vydať za vojvodu"
„Ich schätze, ich könnte einen Grafen heiraten"
"Myslím, že by som sa mohol vydať za grófa"
Schönheit dankte sehr höflich denen, die ihr einen Antrag gemacht hatten
kráska veľmi civilne poďakovala tým, ktorí ju navrhli
Sie sagte ihnen, sie sei noch zu jung zum Heiraten
povedala im, že je ešte príliš mladá na to, aby sa vydala
Sie wollte noch ein paar Jahre bei ihrem Vater bleiben
chcela zostať ešte pár rokov so svojím otcom
Auf einmal verlor der Kaufmann sein Vermögen
Obchodník zrazu prišiel o svoje bohatstvo
er verlor alles außer einem kleinen Landhaus
stratil všetko okrem malého vidieckeho domu
und er sagte seinen Kindern mit Tränen in den Augen:
a svojim deťom so slzami v očiach povedal:
„Wir müssen aufs Land gehen"
"musíme ísť na vidiek"

„und wir müssen für unseren Lebensunterhalt arbeiten"
"a musíme pracovať, aby sme sa uživili"
die beiden ältesten Töchter wollten die Stadt nicht verlassen
dve najstaršie dcéry nechceli opustiť mesto
Sie hatten mehrere Liebhaber in der Stadt
mali v meste viacero milencov
und sie waren sicher, dass einer ihrer Liebhaber sie heiraten würde
a boli si istí, že jeden z ich milencov si ich vezme
Sie dachten, ihre Liebhaber würden sie heiraten, auch wenn sie kein Vermögen hätten
mysleli si, že ich milenci si ich vezmú aj bez bohatstva
aber die guten Damen haben sich geirrt
ale dobré dámy sa mýlili
Ihre Liebhaber verließen sie sehr schnell
ich milenci ich veľmi rýchlo opustili
weil sie kein Vermögen mehr hatten
pretože už nemali žiadne bohatstvo
das zeigte, dass sie nicht wirklich beliebt waren
to ukázalo, že v skutočnosti neboli veľmi radi
alle sagten, sie verdienen kein Mitleid
všetci povedali, že si nezaslúžia byť poľutovaní
„Wir sind froh, dass ihr Stolz gedemütigt wurde"
"sme radi, že vidíme pokornú ich hrdosť"
„Lasst sie stolz darauf sein, Kühe zu melken"
"nech sú hrdí na dojenie kráv"
aber sie waren um Schönheit besorgt
ale starali sa o krásu
sie war so ein süßes Geschöpf
bola taká milá bytosť
Sie sprach so freundlich zu armen Leuten
tak láskavo hovorila k chudobným ľuďom
und sie war von solch unschuldiger Natur
a bola takej nevinnej povahy
Mehrere Herren hätten sie geheiratet
Viacerí páni by si ju vzali

Sie hätten sie geheiratet, obwohl sie arm war
boli by si ju vzali, hoci bola chudobná
aber sie sagte ihnen, sie könne sie nicht heiraten
ale povedala im, že si ich nemôže vziať
weil sie ihren Vater nicht verlassen wollte
pretože by neopustila svojho otca
sie war entschlossen, mit ihm aufs Land zu fahren
bola rozhodnutá ísť s ním na vidiek
damit sie ihn trösten und ihm helfen konnte
aby ho mohla utešiť a pomôcť mu
Die arme Schönheit war zunächst sehr betrübt
Úbohá kráska bola najprv veľmi zarmútená
sie war betrübt über den Verlust ihres Vermögens
bola zarmútená stratou majetku
„Aber Weinen wird mein Schicksal nicht ändern"
"ale plač nezmení moje šťastie"
„Ich muss versuchen, ohne Reichtum glücklich zu sein"
"Musím sa pokúsiť urobiť sám seba šťastným bez bohatstva"
Sie kamen zu ihrem Landhaus
prišli do svojho vidieckeho domu
und der Kaufmann und seine drei Söhne widmeten sich der Landwirtschaft
a obchodník a jeho traja synovia sa venovali poľnohospodárstvu
Schönheit stand um vier Uhr morgens auf
krása vstala o štvrtej ráno
und sie beeilte sich, das Haus zu putzen
a ponáhľala sa upratať dom
und sie sorgte dafür, dass das Abendessen fertig war
a uistila sa, že večera je pripravená
ihr neues Leben fiel ihr zunächst sehr schwer
na začiatku znášala svoj nový život veľmi ťažko
weil sie diese Arbeit nicht gewohnt war
pretože na takúto prácu nebola zvyknutá
aber in weniger als zwei Monaten wurde sie stärker
ale za necelé dva mesiace zosilnela

und sie war gesünder als je zuvor
a bola zdravšia ako kedykoľvek predtým
nachdem sie ihre arbeit erledigt hatte, las sie
po vykonaní práce čítala
sie spielte Cembalo
hrala na čembale
oder sie sang, während sie Seide spann
alebo spievala, kým prala hodváb
im Gegenteil, ihre beiden Schwestern wussten nicht, wie sie ihre Zeit verbringen sollten
naopak, jej dve sestry nevedeli tráviť čas
Sie standen um zehn auf und taten den ganzen Tag nichts anderes als herumzufaulenzen
vstávali o desiatej a nerobili nič iné, len celý deň leňošili
Sie beklagten den Verlust ihrer schönen Kleider
nariekali nad stratou svojich pekných šiat
und sie beklagten sich über den Verlust ihrer Bekannten
a sťažovali sa, že stratili svojich známych
„Schau dir unsere jüngste Schwester an", sagten sie zueinander
„Pozri sa na našu najmladšiu sestru," povedali si
„Was für ein armes und dummes Geschöpf sie ist"
"aké úbohé a hlúpe stvorenie to je"
„Es ist gemein, mit so wenig zufrieden zu sein"
"je zlé uspokojiť sa s tak málo"
der freundliche Kaufmann war ganz anderer Meinung
ten druh obchodníka bol celkom iného názoru
er wusste sehr wohl, dass Schönheit ihre Schwestern übertraf
veľmi dobre vedel, že krása prevyšuje jej sestry
Sie übertraf sie sowohl charakterlich als auch geistig
prevyšovala ich charakterom aj mysľou
er bewunderte ihre Bescheidenheit und ihre harte Arbeit
obdivoval jej pokoru a pracovitosť
aber am meisten bewunderte er ihre Geduld
no najviac zo všetkého obdivoval jej trpezlivosť

Ihre Schwestern überließen ihr die ganze Arbeit
jej sestry jej nechali všetku prácu
und sie beleidigten sie ständig
a každú chvíľu ju urážali
Die Familie hatte etwa ein Jahr lang so gelebt
Rodina takto žila asi rok
dann bekam der Kaufmann einen Brief von einem Buchhalter
potom obchodník dostal list od účtovníka
er hatte in ein Schiff investiert
mal investíciu do lode
und das Schiff war sicher angekommen
a loď bezpečne dorazila
diese Nachricht ließ die beiden ältesten Töchter staunen
Jeho správa obrátila hlavy dvoch najstarších dcér
Sie hatten sofort die Hoffnung, in die Stadt zurückzukehren
okamžite mali nádej na návrat do mesta
weil sie des Landlebens überdrüssig waren
pretože boli dosť unavení z vidieckeho života
Sie gingen zu ihrem Vater, als er ging
išli k otcovi, keď odchádzal
Sie baten ihn, ihnen neue Kleider zu kaufen
prosili ho, aby im kúpil nové šaty
Kleider, Bänder und allerlei Kleinigkeiten
šaty, stuhy a všelijaké drobnosti
aber die Schönheit verlangte nichts
ale krása si nič nepýtala
weil sie dachte, das Geld würde nicht reichen
pretože si myslela, že tie peniaze nebudú stačiť
es würde nicht reichen, um alles zu kaufen, was ihre Schwestern wollten
nebolo by dosť na to, aby si kúpila všetko, čo jej sestry chceli
„Was möchtest du, Schönheit?", fragte ihr Vater
"Čo by si chcela, kráska?" spýtal sa jej otec
"Danke, Vater, dass du so nett bist, an mich zu denken", sagte sie

"Ďakujem ti, otec, že si na mňa myslel," povedala
„Vater, sei so freundlich und bring mir eine Rose mit"
"Otec, buď taký láskavý a prines mi ružu"
„weil hier im Garten keine Rosen wachsen"
"pretože tu v záhrade nerastú ruže"
„und Rosen sind eine Art Rarität"
"a ruže sú druh vzácnosti"
Schönheit mochte Rosen nicht wirklich
krása naozaj nestála o ruže
sie bat nur um etwas, um ihre Schwestern nicht zu verurteilen
žiadala len niečo, aby neodsúdila svoje sestry
aber ihre Schwestern dachten, sie hätte aus anderen Gründen nach Rosen gefragt
ale jej sestry si mysleli, že žiadala ruže z iných dôvodov
„Sie hat es nur getan, um besonders auszusehen"
"urobila to len preto, aby vyzerala zvlášť"
Der freundliche Mann machte sich auf die Reise
Milý muž sa vydal na cestu
aber als er ankam, stritten sie über die Ware
ale keď prišiel, dohadovali sa o tovare
und nach viel Ärger kam er genauso arm zurück wie zuvor
a po mnohých problémoch sa vrátil taký chudobný ako predtým
er war nur ein paar Stunden von seinem eigenen Haus entfernt
bol do pár hodín od svojho domu
und er stellte sich schon die Freude vor, seine Kinder zu sehen
a už si predstavoval tú radosť, keď vidí svoje deti
aber als er durch den Wald ging, verirrte er sich
ale pri prechode lesom sa stratil
es hat furchtbar geregnet und geschneit
strašne pršalo a snežilo
der Wind war so stark, dass er ihn vom Pferd warf
vietor bol taký silný, že ho zhodil z koňa

und die Nacht kam schnell
a noc sa rýchlo blížila
er begann zu glauben, er müsse verhungern
začal si myslieť, že by mohol hladovať
und er dachte, er könnte erfrieren
a myslel si, že by mohol zamrznúť
und er dachte, Wölfe könnten ihn fressen
a myslel si, že ho môžu zjesť vlci
die Wölfe, die er um sich herum heulen hörte
vlci, ktorých počul zavýjať všade okolo seba
aber plötzlich sah er ein Licht
ale zrazu uvidel svetlo
er sah das Licht in der Ferne durch die Bäume
videl svetlo v diaľke cez stromy
als er näher kam, sah er, dass das Licht ein Palast war
keď prišiel bližšie, videl, že svetlo je palác
der Palast war von oben bis unten beleuchtet
palác bol osvetlený zhora nadol
Der Kaufmann dankte Gott für sein Glück
obchodník ďakoval Bohu za šťastie
und er eilte zum Palast
a ponáhľal sa do paláca
aber er war überrascht, keine Leute im Palast zu sehen
bol však prekvapený, že v paláci nevidel žiadnych ľudí
der Hof war völlig leer
dvorný dvor bol úplne prázdny
und nirgendwo ein Lebenszeichen
a nikde nebolo ani stopy po živote
sein Pferd folgte ihm in den Palast
jeho kôň ho nasledoval do paláca
und dann fand sein Pferd großen Stall
a potom jeho kôň našiel veľkú stajňu
das arme Tier war fast verhungert
úbohé zviera takmer vyhladovalo
also ging sein Pferd hinein, um Heu und Hafer zu finden
a tak vošiel jeho kôň hľadať seno a ovos

zum Glück fand er reichlich zu essen
našťastie našiel veľa jedla
und der Kaufmann band sein Pferd an die Krippe
a kupec priviazal koňa k jasliam
Als er zum Haus ging, sah er niemanden
kráčajúc smerom k domu nikoho nevidel
aber in einer großen Halle fand er ein gutes Feuer
ale vo veľkej sieni našiel dobrý oheň
und er fand einen Tisch für eine Person gedeckt
a našiel prestretý stôl pre jedného
er war nass vom Regen und Schnee
bol mokrý od dažďa a snehu
Also ging er zum Feuer, um sich abzutrocknen
tak sa priblížil k ohňu, aby sa osušil
„Ich hoffe, der Hausherr entschuldigt mich"
"Dúfam, že ma pán domu ospravedlní."
„Ich schätze, es wird nicht lange dauern, bis jemand auftaucht."
"Predpokladám, že to nebude trvať dlho, kým sa niekto objaví"
Er wartete eine beträchtliche Zeit
Čakal dosť dlho
er wartete, bis es elf schlug, und noch immer kam niemand
počkal, kým odbila jedenásť, a stále nikto neprichádzal
Schließlich war er so hungrig, dass er nicht länger warten konnte
konečne bol taký hladný, že už nemohol čakať
er nahm ein Hühnchen und aß es in zwei Bissen
vzal si kura a zjedol ho na dva sústo
er zitterte beim Essen
triasol sa pri jedle
danach trank er ein paar Gläser Wein
potom vypil niekoľko pohárov vína
Er wurde mutiger und verließ den Saal
nabral odvahu a vyšiel zo sály
und er durchquerte mehrere große Hallen

a prešiel cez niekoľko veľkých sál
Er ging durch den Palast, bis er in eine Kammer kam
prechádzal palácom, až prišiel do komnaty
eine Kammer, in der sich ein überaus gutes Bett befand
komora, v ktorej bolo mimoriadne dobré lôžko
er war von der Tortur sehr erschöpft
bol veľmi unavený zo svojho utrpenia
und es war schon nach Mitternacht
a čas bol už po polnoci
also beschloss er, dass es das Beste sei, die Tür zu schließen
tak sa rozhodol, že bude najlepšie zavrieť dvere
und er beschloss, dass er zu Bett gehen sollte
a dospel k záveru, že by mal ísť spať
Es war zehn Uhr morgens, als der Kaufmann aufwachte
Bolo desať hodín ráno, keď sa obchodník zobudil
gerade als er aufstehen wollte, sah er etwas
práve keď sa chystal vstať, niečo uvidel
er war erstaunt, saubere Kleidung zu sehen
bol užasnutý, keď videl čisté oblečenie
an der Stelle, wo er seine schmutzigen Kleider
zurückgelassen hatte
na mieste, kde nechal svoje špinavé oblečenie
"Mit Sicherheit gehört dieser Palast einer netten Fee"
"určite tento palác patrí nejakej milej víle"
„eine Fee, die mich gesehen und bemitleidet hat"
" víla , ktorá ma videla a zľutovala sa"
er sah durch ein Fenster
pozrel cez okno
aber statt Schnee sah er den herrlichsten Garten
ale namiesto snehu videl tú najúžasnejšiu záhradu
und im Garten waren die schönsten Rosen
a v záhrade boli najkrajšie ruže
dann kehrte er in die große Halle zurück
potom sa vrátil do veľkej sály
der Saal, in dem er am Abend zuvor Suppe gegessen hatte
sála, kde mal večer predtým polievku

und er fand etwas Schokolade auf einem kleinen Tisch
a na malom stolíku našiel čokoládu
„Danke, liebe Frau Fee", sagte er laut
„Ďakujem, dobrá madam Fairy," povedal nahlas
„Danke für Ihre Fürsorge"
"ďakujem, že sa tak staráš"
„Ich bin Ihnen für all Ihre Gefälligkeiten äußerst dankbar"
"Som vám nesmierne zaviazaný za všetku vašu priazeň."
Der freundliche Mann trank seine Schokolade
láskavý muž vypil svoju čokoládu
und dann ging er sein Pferd suchen
a potom išiel hľadať svojho koňa
aber im Garten erinnerte er sich an die Bitte der Schönheit
ale v záhrade si spomenul na prosbu krásy
und er schnitt einen Rosenzweig ab
a odrezal vetvu ruží
sofort hörte er ein lautes Geräusch
hneď začul veľký hluk
und er sah ein furchtbar furchtbares Tier
a videl strašne strašnú šelmu
er war so erschrocken, dass er kurz davor war, ohnmächtig zu werden
bol taký vystrašený, že bol pripravený omdlieť
„Du bist sehr undankbar", sagte das Tier zu ihm
„Si veľmi nevďačný," povedala mu beštia
und das Tier sprach mit schrecklicher Stimme
a šelma prehovorila hrozným hlasom
„Ich habe dein Leben gerettet, indem ich dich in mein Schloss gelassen habe"
"Zachránil som ti život tým, že som ťa pustil do môjho hradu."
"und dafür stiehlst du mir im Gegenzug meine Rosen?"
"A za to mi na oplátku kradneš ruže?"
„Die Rosen sind für mich mehr wert als alles andere"
"Ruže, ktoré si vážim viac než čokoľvek"
„Aber du wirst für das, was du getan hast, sterben"
"ale zomrieš za to, čo si urobil"

„Ich gebe Ihnen nur eine Viertelstunde, um sich vorzubereiten"
"Dávam ti štvrťhodinu na prípravu."
„Bereiten Sie sich auf den Tod vor und sprechen Sie Ihre Gebete"
"Priprav sa na smrť a povedz svoje modlitby"
der Kaufmann fiel auf die Knie
obchodník padol na kolená
und er hob beide Hände
a zdvihol obe ruky
„Mein Herr, ich flehe Sie an, mir zu vergeben"
"Môj pane, prosím ťa, odpusť mi"
„Ich hatte nicht die Absicht, Sie zu beleidigen"
"Nemal som v úmysle ťa uraziť"
„Ich habe für eine meiner Töchter eine Rose gepflückt"
"Nazbieral som ružu pre jednu zo svojich dcér"
„Sie bat mich, ihr eine Rose mitzubringen"
"Požiadala ma, aby som jej priniesol ružu"
„Ich bin nicht euer Herr, sondern ein Tier", antwortete das Monster
"Nie som tvoj pán, ale som zviera," odpovedalo monštrum
„Ich mag keine Komplimente"
"Nemám rád komplimenty"
„Ich mag Menschen, die so sprechen, wie sie denken"
"Mám rád ľudí, ktorí hovoria ako myslia"
„glauben Sie nicht, dass ich durch Schmeicheleien bewegt werden kann"
"Nepredstavujte si, že môžem byť pohnutý lichôtkami"
„Aber Sie sagen, Sie haben Töchter"
"Ale hovoríš, že máš dcéry"
„Ich werde dir unter einer Bedingung vergeben"
"Odpustím ti pod jednou podmienkou"
„Eine deiner Töchter muss freiwillig in meinen Palast kommen"
"jedna z tvojich dcér musí dobrovoľne prísť do môjho paláca"
"und sie muss für dich leiden"

"a ona musí pre teba trpieť"
„Gib mir Dein Wort"
"Daj mi tvoje slovo"
„Und dann können Sie Ihren Geschäften nachgehen"
"a potom sa môžeš venovať svojej veci"
„Versprich mir das:"
"Sľúb mi toto:"
„Wenn Ihre Tochter sich weigert, für Sie zu sterben, müssen Sie innerhalb von drei Monaten zurückkehren"
"Ak vaša dcéra odmietne zomrieť za vás, musíte sa vrátiť do troch mesiacov."
der Kaufmann hatte nicht die Absicht, seine Töchter zu opfern
obchodník nemal v úmysle obetovať svoje dcéry
aber da ihm Zeit gegeben wurde, wollte er seine Töchter noch einmal sehen
ale keďže dostal čas, chcel ešte raz vidieť svoje dcéry
also versprach er, dass er zurückkehren würde
tak sľúbil, že sa vráti
und das Tier sagte ihm, er könne aufbrechen, wann er wolle
a šelma mu povedala, že môže vyraziť, keď bude chcieť
und das Tier erzählte ihm noch etwas
a šelma mu povedala ešte jednu vec
„Du sollst nicht mit leeren Händen gehen"
"neodídeš s prázdnymi rukami"
„Geh zurück in das Zimmer, in dem du lagst"
"choď späť do izby, kde si ležal"
„Sie werden eine große leere Schatzkiste sehen"
"uvidíš veľkú prázdnu truhlicu s pokladom"
„Fülle die Schatzkiste mit allem, was Dir am besten gefällt"
"naplňte truhlicu s pokladom tým, čo máte najradšej"
„und ich werde die Schatzkiste zu Dir nach Hause schicken"
"a pošlem pokladnicu k tebe domov"
und gleichzeitig zog sich das Tier zurück
a zároveň sa šelma stiahla
„Nun", sagte sich der gute Mann

"Nuž," povedal si dobrý muž
„Wenn ich sterben muss, werde ich meinen Kindern wenigstens etwas hinterlassen"
"Ak musím zomrieť, aspoň niečo zanechám svojim deťom"
so kehrte er ins Schlafzimmer zurück
tak sa vrátil do spálne
und er fand sehr viele Goldstücke
a našiel veľké množstvo zlata
er füllte die Schatzkiste, die das Tier erwähnt hatte
naplnil truhlicu s pokladom, o ktorej šelma spomínala
und er holte sein Pferd aus dem Stall
a vyviedol svojho koňa zo stajne
die Freude, die er beim Betreten des Palastes empfand, war nun genauso groß wie die Trauer, die er beim Verlassen des Palastes empfand
radosť, ktorú cítil pri vstupe do paláca, sa teraz rovnala smútku, ktorý cítil pri odchode z paláca
Das Pferd nahm einen der Wege im Wald
kôň sa vybral jednou z lesných ciest
und in wenigen Stunden war der gute Mann zu Hause
a o pár hodín bol dobrý muž doma
seine Kinder kamen zu ihm
prišli k nemu jeho deti
aber anstatt ihre Umarmungen mit Freude entgegenzunehmen, sah er sie an
ale namiesto toho, aby s potešením prijal ich objatia, pozrel sa na nich
er hielt den Ast hoch, den er in den Händen hielt
zdvihol konár, ktorý mal v rukách
und dann brach er in Tränen aus
a potom sa rozplakal
„Schönheit", sagte er, „nimm bitte diese Rosen"
"Krása," povedal, "vezmite si prosím tieto ruže"
„Sie können nicht wissen, wie teuer diese Rosen waren"
"Nemôžeš vedieť, aké drahé boli tieto ruže"
„Diese Rosen haben deinen Vater das Leben gekostet"

"tieto ruže stáli tvojho otca život"
und dann erzählte er von seinem tödlichen Abenteuer
a potom povedal o svojom osudnom dobrodružstve
Sofort schrien die beiden ältesten Schwestern
okamžite vykríkli dve najstaršie sestry
und sie sagten viele gemeine Dinge zu ihrer schönen Schwester
a svojej krásnej sestre povedali veľa zlého
aber die Schönheit weinte überhaupt nicht
ale kráska vôbec neplakala
„Seht euch den Stolz dieses kleinen Schurken an", sagten sie
"Pozrite sa na pýchu toho malého úbožiaka," povedali
„Sie hat nicht nach schönen Kleidern gefragt"
"nepýtala si pekné oblečenie"
„Sie hätte tun sollen, was wir getan haben"
"Mala urobiť to, čo sme urobili my"
„Sie wollte sich hervortun"
"chcela sa odlíšiť"
„so wird sie nun den Tod unseres Vaters bedeuten"
"tak teraz ona bude smrťou nášho otca"
„und doch vergießt sie keine Träne"
"a predsa nevyroní slzu"
"Warum sollte ich weinen?", antwortete die Schönheit
"Prečo by som mal plakať?" odpovedal krása
„Weinen wäre völlig unnötig"
"plač by bol veľmi zbytočný"
„Mein Vater wird nicht für mich leiden"
"Môj otec nebude pre mňa trpieť"
„Das Monster wird eine seiner Töchter akzeptieren"
"monštrum prijme jednu zo svojich dcér"
„Ich werde mich seiner ganzen Wut aussetzen"
"Ponúknem sa celej jeho zúrivosti"
„Ich bin sehr glücklich, denn mein Tod wird das Leben meines Vaters retten"
"Som veľmi šťastný, pretože moja smrť zachráni môjmu otcovi

život"
„**Mein Tod wird ein Beweis meiner Liebe sein**"
"Moja smrť bude dôkazom mojej lásky"
„**Nein, Schwester**", sagten ihre drei Brüder
„Nie, sestra," povedali jej traja bratia
„**das darf nicht sein**"
"to nebude"
„**Wir werden das Monster finden**"
"Pôjdeme nájsť monštrum"
„**und entweder wir werden ihn töten...**"
"A buď ho zabijeme..."
„**... oder wir werden bei dem Versuch umkommen**"
"... alebo pri pokuse zahynieme"
„**Stellt euch nichts dergleichen vor, meine Söhne**", sagte der Kaufmann
„Nič také si nepredstavujte, synovia," povedal obchodník
„**Die Kraft des Biests ist so groß, dass ich keine Hoffnung habe, dass Ihr es besiegen könntet.**"
"Sila toho zvieraťa je taká veľká, že nemám nádej, že by si ho dokázal prekonať."
„**Ich bin entzückt von dem freundlichen und großzügigen Angebot der Schönheit**"
"Očarila ma láskavá a veľkorysá ponuka krásy"
„**aber ich kann ihre Großzügigkeit nicht annehmen**"
"ale nemôžem prijať jej štedrosť"
„**Ich bin alt und habe nicht mehr lange zu leben**"
"Som starý a nebude mi dlho žiť"
„**also kann ich nur ein paar Jahre verlieren**"
"takže môžem stratiť len pár rokov"
„**Zeit, die ich für euch bereue, meine lieben Kinder**"
"Čas, ktorý pre vás ľutujem, moje drahé deti"
„**Aber Vater**", sagte die Schönheit
"Ale otec," povedala kráska
„**Du sollst nicht ohne mich in den Palast gehen**"
"bezo mňa nepôjdeš do paláca"
„**Du kannst mich nicht davon abhalten, dir zu folgen**"

"nemôžeš mi zabrániť, aby som ťa nasledoval"
nichts könnte Schönheit vom Gegenteil überzeugen
nič nemohlo presvedčiť krásu o opaku
Sie bestand darauf, in den schönen Palast zu gehen
trvala na tom, že pôjde do nádherného paláca
und ihre Schwestern waren erfreut über ihre Beharrlichkeit
a jej sestry sa potešili jej naliehaniu
Der Kaufmann war besorgt bei dem Gedanken, seine Tochter zu verlieren
Obchodník bol znepokojený myšlienkou, že stratí svoju dcéru
er war so besorgt, dass er die Truhe voller Gold vergessen hatte
mal také starosti, že zabudol na truhlicu plnú zlata
Abends begab er sich zur Ruhe und schloss die Tür seines Zimmers.
v noci sa utiahol na odpočinok a zavrel dvere svojej komory
Dann fand er zu seinem großen Erstaunen den Schatz neben seinem Bett.
potom na svoje veľké počudovanie našiel poklad pri svojej posteli
er war entschlossen, es seinen Kindern nicht zu erzählen
bol rozhodnutý, že to svojim deťom nepovie
Wenn sie es gewusst hätten, wären sie in die Stadt zurückgekehrt
keby to vedeli, chceli by sa vrátiť do mesta
und er war entschlossen, das Land nicht zu verlassen
a bol rozhodnutý neopustiť vidiek
aber er vertraute der Schönheit das Geheimnis
ale dôveroval kráse s tajomstvom
Sie teilte ihm mit, dass zwei Herren gekommen seien
oznámila mu, že prišli dvaja páni
und sie machten ihren Schwestern einen Heiratsantrag
a dali návrhy jej sestrám
Sie bat ihren Vater, ihrer Heirat zuzustimmen
prosila otca, aby súhlasil s ich sobášom
und sie bat ihn, ihnen etwas von seinem Vermögen zu

geben
a požiadala ho, aby im dal niečo zo svojho majetku
sie hatte ihnen bereits vergeben
už im odpustila
Die bösen Kreaturen rieben ihre Augen mit Zwiebeln
zlé stvorenia si pretierali oči cibuľou
um beim Abschied von der Schwester ein paar Tränen zu vergießen
vynútiť si slzy, keď sa rozišli so sestrou
aber ihre Brüder waren wirklich besorgt
ale jej bratia boli naozaj znepokojení
Schönheit war die einzige, die keine Tränen vergoss
kráska jediná neronila slzy
sie wollte ihr Unbehagen nicht vergrößern
nechcela zvyšovať ich nepokoj
Das Pferd nahm den direkten Weg zum Palast
kôň sa vybral priamou cestou do paláca
und gegen Abend sahen sie den erleuchteten Palast
a k večeru uvideli osvetlený palác
das Pferd begab sich wieder in den Stall
kôň sa opäť pobral do stajne
und der gute Mann und seine Tochter gingen in die große Halle
a dobrý muž a jeho dcéra vošli do veľkej siene
hier fanden sie einen herrlich gedeckten Tisch
tu našli skvele naservírovaný stôl
der Kaufmann hatte keinen Appetit zu essen
obchodník nemal chuť jesť
aber die Schönheit bemühte sich, fröhlich zu erscheinen
ale kráska sa snažila pôsobiť veselo
sie setzte sich an den Tisch und half ihrem Vater
sadla si za stôl a pomáhala otcovi
aber sie dachte auch bei sich:
ale tiež si pomyslela:
„Das Biest will mich sicher mästen, bevor es mich frisst"
"beštia ma určite chce vykrmiť skôr, ako ma zje"

„deshalb sorgt er für so viel Unterhaltung"
"preto poskytuje takú bohatú zábavu"
Nachdem sie gegessen hatten, hörten sie ein großes Geräusch
keď sa najedli, počuli veľký hluk
und der Kaufmann verabschiedete sich mit Tränen in den Augen von seinem unglücklichen Kind
a obchodník sa so slzami v očiach lúčil so svojím nešťastným dieťaťom
weil er wusste, dass das Biest kommen würde
pretože vedel, že zviera prichádza
Die Schönheit war entsetzt über seine schreckliche Gestalt
kráska bola vydesená z jeho hroznej podoby
aber sie nahm ihren Mut zusammen, so gut sie konnte
ale nabrala odvahu, ako len mohla
und das Monster fragte sie, ob sie freiwillig mitkäme
a netvor sa jej spýtal, či prišla dobrovoľne
"ja, ich bin freiwillig gekommen", sagte sie zitternd
"Áno, prišla som dobrovoľne," povedala rozochvená
Das Tier antwortete: „Du bist sehr gut"
šelma odpovedala: "Si veľmi dobrý"
„und ich bin Ihnen zu großem Dank verpflichtet, ehrlicher Mann"
"A som ti veľmi zaviazaný, čestný človeče"
„Geht morgen früh eure Wege"
"choď si svojou cestou zajtra ráno"
„aber denk nie daran, wieder hierher zu kommen"
"ale nikdy nepomýšľaj sem znova prísť"
„Lebe wohl, Schönheit, lebe wohl, Biest", antwortete er
"Zbohom kráska, zbohom zviera," odpovedal
und sofort zog sich das Monster zurück
a hneď sa netvor stiahol
"Oh, Tochter", sagte der Kaufmann
"Ach, dcéra," povedal obchodník
und er umarmte seine Tochter noch einmal
a ešte raz objal svoju dcéru

„Ich habe fast Todesangst"
"Som takmer na smrť vystrašený"
„glauben Sie mir, Sie sollten lieber zurückgehen"
"ver mi, radšej sa vráť"
„Lass mich hier bleiben, statt dir"
"nechaj ma zostať tu namiesto teba"
„Nein, Vater", sagte die Schönheit entschlossen
„Nie, otec," povedala kráska rezolútnym tónom
„Du sollst morgen früh aufbrechen"
"zajtra ráno vyrazíš"
„überlasse mich der Obhut und dem Schutz der Vorsehung"
"nechaj ma do starostlivosti a ochrany prozreteľnosti"
trotzdem gingen sie zu Bett
napriek tomu išli spať
Sie dachten, sie würden die ganze Nacht kein Auge zutun
mysleli si, že celú noc nezavrú oči
aber als sie sich hinlegten, schliefen sie ein
ale keď si ľahli, spali
Die Schönheit träumte, eine schöne Dame kam und sagte zu ihr:
kráska snívala, že prišla pekná dáma a povedala jej:
„Ich bin zufrieden, Schönheit, mit deinem guten Willen"
"Som spokojný, kráska, s tvojou dobrou vôľou"
„Diese gute Tat von Ihnen wird nicht unbelohnt bleiben"
"tento tvoj dobrý čin nezostane bez odmeny"
Die Schöne erwachte und erzählte ihrem Vater ihren Traum
kráska sa zobudila a povedala otcovi svoj sen
der Traum tröstete ihn ein wenig
sen ho trochu utešil
aber er konnte nicht anders, als bitterlich zu weinen, als er ging
ale pri odchode sa neubránil trpkému plaču
Sobald er weg war, setzte sich Schönheit in die große Halle und weinte ebenfalls
len čo bol preč, kráska si sadla do veľkej sály a rozplakala sa tiež

aber sie beschloss, sich keine Sorgen zu machen
ale rozhodla sa, že nebude nepokojná
Sie beschloss, in der kurzen Zeit, die ihr noch zu leben blieb, stark zu sein
rozhodla sa, že bude silná na to málo času, ktorý jej zostával žiť
weil sie fest davon überzeugt war, dass das Biest sie fressen würde
pretože pevne verila, že ju zver zožerie
Sie dachte jedoch, sie könnte genauso gut den Palast erkunden
myslela si však, že by mohla preskúmať aj palác
und sie wollte das schöne Schloss besichtigen
a chcela si prezrieť nádherný hrad
ein Schloss, das sie bewundern musste
hrad, ktorý nemohla neobdivovať
Es war ein wunderbar angenehmer Palast
bol to nádherne príjemný palác
und sie war äußerst überrascht, als sie eine Tür sah
a bola veľmi prekvapená, keď videla dvere
und über der Tür stand, dass es ihr Zimmer sei
a nad dverami bolo napísané, že je to jej izba
sie öffnete hastig die Tür
rýchlo otvorila dvere
und sie war ganz geblendet von der Pracht des Raumes
a bola celkom oslnená veľkoleposťou miestnosti
was ihre Aufmerksamkeit vor allem auf sich zog, war eine große Bibliothek
čo upútalo jej pozornosť, bola veľká knižnica
ein Cembalo und mehrere Notenbücher
čembalo a niekoľko hudobných kníh
„Nun", sagte sie zu sich selbst
"No," povedala si pre seba
„Ich sehe, das Biest wird meine Zeit nicht verstreichen lassen"
"Vidím, že beštia nenechá môj čas visieť na váhe"

dann dachte sie über ihre Situation nach
potom sa zamyslela nad svojou situáciou
„Wenn ich einen Tag bleiben sollte, wäre das alles nicht hier"
"Keby som mal zostať jeden deň, toto všetko by tu nebolo"
diese Überlegung gab ihr neuen Mut
táto úvaha ju inšpirovala sviežou odvahou
und sie nahm ein Buch aus ihrer neuen Bibliothek
a vzala si knihu zo svojej novej knižnice
und sie las diese Worte in goldenen Buchstaben:
a prečítala tieto slová zlatými písmenami:
„Begrüße Schönheit, vertreibe die Angst"
"Vitaj kráska, zažeň strach"
„Du bist hier Königin und Herrin"
"Tu si kráľovná a milenka"
„Sprich deine Wünsche aus, sprich deinen Willen aus"
"Povedz svoje želania, povedz svoju vôľu"
„Schneller Gehorsam begegnet hier Ihren Wünschen"
"Rýchla poslušnosť tu spĺňa vaše želania"
"Ach", sagte sie mit einem Seufzer
"Bohužiaľ," povedala s povzdychom
„Am meisten wünsche ich mir, meinen armen Vater zu sehen"
"Najviac si prajem vidieť svojho nebohého otca."
„und ich würde gerne wissen, was er tut"
"a rád by som vedel, čo robí"
Kaum hatte sie das gesagt, bemerkte sie den Spiegel
Hneď ako to povedala, zbadala zrkadlo
zu ihrem großen Erstaunen sah sie ihr eigenes Zuhause im Spiegel
na svoje veľké počudovanie uvidela v zrkadle svoj vlastný domov
Ihr Vater kam emotional erschöpft an
jej otec prišiel emocionálne vyčerpaný
Ihre Schwestern gingen ihm entgegen
jej sestry mu išli v ústrety

trotz ihrer Versuche, traurig zu wirken, war ihre Freude sichtbar
napriek ich pokusom pôsobiť smutne, ich radosť bola viditeľná
einen Moment später war alles verschwunden
po chvíli všetko zmizlo
und auch die Befürchtungen der Schönheit verschwanden
a zmizli aj obavy z krásy
denn sie wusste, dass sie dem Tier vertrauen konnte
lebo vedela, že tej šelme môže dôverovať
Mittags fand sie das Abendessen fertig
Na poludnie našla pripravenú večeru
sie setzte sich an den Tisch
sama si sadla za stôl
und sie wurde mit einem Musikkonzert unterhalten
a zabávala sa hudobným koncertom
obwohl sie niemanden sehen konnte
hoci nikoho nevidela
abends setzte sie sich wieder zum Abendessen
v noci si zasa sadla k večeri
diesmal hörte sie das Geräusch, das das Tier machte
tentoraz počula hluk, ktorý zviera vydávalo
und sie konnte nicht anders, als Angst zu haben
a neubránila sa strachu
"Schönheit", sagte das Monster
"krása," povedal netvor
"erlaubst du mir, mit dir zu essen?"
"dovolíš mi jesť s tebou?"
"Mach, was du willst", antwortete die Schönheit zitternd
"Urob si, ako chceš," chvejúc sa odpovedala kráska
„Nein", antwortete das Tier
"Nie," odpovedalo zviera
„Du allein bist hier die Herrin"
"ty jediná si tu milenka"
„Sie können mich wegschicken, wenn ich Ärger mache"
"môžeš ma poslať preč, ak ti budem robiť problémy"

„schick mich fort, und ich werde mich sofort zurückziehen"
"pošlite ma preč a ja sa okamžite stiahnem"
„Aber sagen Sie mir: Finden Sie mich nicht sehr hässlich?"
"Ale povedz mi, nemyslíš si, že som veľmi škaredá?"
„Das stimmt", sagte die Schönheit
"To je pravda," povedala kráska
„Ich kann nicht lügen"
"Nemôžem klamať"
„aber ich glaube, Sie sind sehr gutmütig"
"Ale verím, že máš veľmi dobrú povahu"
„Das bin ich tatsächlich", sagte das Monster
"Som naozaj," povedal netvor
„Aber abgesehen von meiner Hässlichkeit habe ich auch keinen Verstand"
"Ale okrem mojej škaredosti nemám ani rozum"
„Ich weiß sehr wohl, dass ich ein dummes Wesen bin"
"Veľmi dobre viem, že som hlúpe stvorenie."
„Es ist kein Zeichen von Torheit, so zu denken", antwortete die Schönheit
"Nie je to znak hlúposti, keď si to myslíš," odpovedala kráska
„Dann iss, Schönheit", sagte das Monster
„Tak sa najedz, kráska," povedal netvor
„Versuchen Sie, sich in Ihrem Palast zu amüsieren"
"skús sa zabaviť vo svojom paláci"
"alles hier gehört dir"
"všetko tu je tvoje"
„Und ich wäre sehr unruhig, wenn Sie nicht glücklich wären"
"A bol by som veľmi znepokojený, keby si nebol šťastný."
„Sie sind sehr zuvorkommend", antwortete die Schönheit
"Si veľmi ústretový," odpovedala kráska
„Ich gebe zu, ich freue mich über Ihre Freundlichkeit"
"Priznávam, že ma teší tvoja láskavosť"
„Und wenn ich über deine Freundlichkeit nachdenke, fallen mir deine Missbildungen kaum auf"
"A keď zvážim tvoju láskavosť, sotva si všimol tvoje

deformácie."
„Ja, ja", sagte das Tier, „mein Herz ist gut
„Áno, áno," povedala šelma, „moje srdce je dobré
„Aber obwohl ich gut bin, bin ich immer noch ein Monster"
"ale hoci som dobrý, stále som monštrum"
„Es gibt viele Männer, die diesen Namen mehr verdienen als Sie."
"Je veľa mužov, ktorí si toto meno zaslúžia viac ako ty."
„und ich bevorzuge dich, so wie du bist"
"a mám ťa radšej takého aký si"
„und ich ziehe dich denen vor, die ein undankbares Herz verbergen"
"a mám ťa radšej ako tých, čo skrývajú nevďačné srdce"
"Wenn ich nur etwas Verstand hätte", antwortete das Biest
"Keby som mal aspoň trochu rozumu," odpovedalo zviera
„Wenn ich vernünftig wäre, würde ich Ihnen als Dank ein schönes Kompliment machen"
"Keby som mal rozum, urobil by som pekný kompliment, aby som ti poďakoval"
"aber ich bin so langweilig"
"ale ja som taký tupý"
„Ich kann nur sagen, dass ich Ihnen zu großem Dank verpflichtet bin"
"Môžem len povedať, že som ti veľmi zaviazaný"
Schönheit aß ein herzhaftes Abendessen
kráska zjedla výdatnú večeru
und sie hatte ihre Angst vor dem Monster fast überwunden
a takmer porazila svoj strach z monštra
aber sie wollte ohnmächtig werden, als das Biest ihr die nächste Frage stellte
no chcela omdlieť, keď sa jej zver spýtal ďalšiu otázku
"Schönheit, willst du meine Frau werden?"
"Kráska, budeš moja žena?"
es dauerte eine Weile, bis sie antworten konnte
chvíľu jej trvalo, kým mohla odpovedať
weil sie Angst hatte, ihn wütend zu machen

lebo sa bála, že ho nahnevá
Schließlich sagte sie jedoch "nein, Biest"
nakoniec však povedala "nie, zviera"
sofort zischte das arme Monster ganz fürchterlich
vzápätí úbohá obluda veľmi desivo zasyčala
und der ganze Palast hallte
a celý palác sa ozýval
aber die Schönheit erholte sich bald von ihrem Schrecken
no kráska sa čoskoro spamätala zo svojho strachu
denn das Tier sprach wieder mit trauriger Stimme
pretože šelma opäť prehovorila žalostným hlasom
„Dann leb wohl, Schönheit"
"tak zbohom kráska"
und er drehte sich nur ab und zu um
a len občas sa otočil
um sie anzusehen, als er hinausging
aby sa na ňu pozrel, keď vychádzal
jetzt war die Schönheit wieder allein
teraz bola kráska opäť sama
Sie empfand großes Mitgefühl
cítila veľký súcit
„Ach, es ist tausendmal schade"
"Bohužiaľ, je to tisíc žiaľ"
„Etwas, das so gutmütig ist, sollte nicht so hässlich sein"
"niečo také dobré by nemalo byť také škaredé"
Schönheit verbrachte drei Monate sehr zufrieden im Palast
kráska strávila tri mesiace veľmi spokojne v paláci
jeden Abend stattete ihr das Biest einen Besuch ab
každý večer ju navštívila šelma
und sie redeten beim Abendessen
a rozprávali sa počas večere
Sie sprachen mit gesundem Menschenverstand
rozprávali zdravým rozumom
aber sie sprachen nicht mit dem, was man als geistreich bezeichnet
ale nehovorili s tým, čo ľudia nazývajú vtipom

Schönheit entdeckte immer einen wertvollen Charakter im Biest
kráska vždy objavila v zveri nejaký hodnotný charakter
und sie hatte sich an seine Missbildung gewöhnt
a na jeho deformáciu si už zvykla
sie fürchtete sich nicht mehr vor seinem Besuch
už sa nebála času jeho návštevy
jetzt schaute sie oft auf die Uhr
teraz často pozerala na hodinky
und sie konnte es kaum erwarten, bis es neun Uhr war
a nevedela sa dočkať, kedy bude deväť hodín
denn das Tier kam immer zu dieser Stunde
pretože šelma nikdy nezmeškala príchod v tú hodinu
Es gab nur eine Sache, die Schönheit betraf
krása sa týkala len jednej veci
jeden Abend, bevor sie ins Bett ging, stellte ihr das Biest die gleiche Frage
každú noc predtým, ako išla spať, sa jej zviera pýtalo rovnakú otázku
Das Monster fragte sie, ob sie seine Frau werden wolle
netvor sa jej spýtal, či bude jeho manželkou
Eines Tages sagte sie zu ihm: „Biest, du machst mir große Sorgen."
jedného dňa mu povedala: "beštia, veľmi ma znepokojuješ"
„Ich wünschte, ich könnte einwilligen, dich zu heiraten"
"Prial by som si, aby som súhlasil, aby som si ťa vzal"
„Aber ich bin zu aufrichtig, um dir zu glauben zu machen, dass ich dich heiraten würde"
"ale som príliš úprimný na to, aby som ťa prinútil veriť, že si ťa vezmem"
„Unsere Ehe wird nie stattfinden"
"naše manželstvo nikdy nevznikne"
„Ich werde dich immer als Freund sehen"
"Vždy ťa uvidím ako priateľa"
„Bitte versuchen Sie, damit zufrieden zu sein"
"Prosím, skúste sa s tým uspokojiť"

„Damit muss ich zufrieden sein", sagte das Tier
"Musím sa s tým uspokojiť," povedala zver
„Ich kenne mein eigenes Unglück"
"Poznám svoje vlastné nešťastie"
„aber ich liebe dich mit der zärtlichsten Zuneigung"
"ale milujem ťa tou najnežnejšou láskou"
„Ich sollte mich jedoch als glücklich betrachten"
"Mal by som sa však považovať za šťastný"
"**und ich würde mich freuen, wenn du hier bleibst**"
"A mal by som byť šťastný, že tu zostaneš."
„versprich mir, mich nie zu verlassen"
"sľúb mi, že ma nikdy neopustíš"
Schönheit errötete bei diesen Worten
krása sa pri týchto slovách začervenala
Eines Tages schaute die Schönheit in ihren Spiegel
jedného dňa sa kráska pozerala do zrkadla
ihr Vater hatte sich schreckliche Sorgen um sie gemacht
jej otec mal o ňu strach
sie sehnte sich mehr denn je danach, ihn wiederzusehen
túžila ho znova vidieť viac ako kedykoľvek predtým
„Ich könnte versprechen, dich nie ganz zu verlassen"
"Mohol by som sľúbiť, že ťa nikdy úplne neopustím"
„aber ich habe so ein großes Verlangen, meinen Vater zu sehen"
"Ale ja mám takú veľkú túžbu vidieť svojho otca"
„Ich wäre unendlich verärgert, wenn Sie nein sagen würden"
"Bol by som neskutočne naštvaný, keby si povedal nie"
"**Ich würde lieber selbst sterben**", sagte das Monster
"Radšej som zomrel sám," povedal netvor
„Ich würde lieber sterben, als dir Unbehagen zu bereiten"
"Radšej by som zomrel, než aby si sa cítil nepokojne"
„Ich werde dich zu deinem Vater schicken"
"Pošlem ťa k tvojmu otcovi"
„Du sollst bei ihm bleiben"
"zostaneš s ním"

"und dieses unglückliche Tier wird stattdessen vor Kummer sterben"
"a toto nešťastné zviera namiesto toho zomrie smútkom"
"Nein", sagte die Schönheit weinend
"Nie," povedala kráska s plačom
„Ich liebe dich zu sehr, um die Ursache deines Todes zu sein"
"Milujem ťa príliš na to, aby som bol príčinou tvojej smrti"
„Ich verspreche Ihnen, in einer Woche wiederzukommen"
"Sľubujem ti, že sa vrátim o týždeň."
„Du hast mir gezeigt, dass meine Schwestern verheiratet sind"
"Ukázal si mi, že moje sestry sú vydaté"
„und meine Brüder sind zur Armee gegangen"
"a moji bratia odišli do armády"
"Lass mich eine Woche bei meinem Vater bleiben, da er allein ist"
"Nechaj ma zostať týždeň s otcom, pretože je sám."
"Morgen früh wirst du dort sein", sagte das Tier
"Budeš tam zajtra ráno," povedala beštia
„Aber denk an dein Versprechen"
"ale pamätaj na svoj sľub"
„Sie brauchen Ihren Ring nur auf den Tisch zu legen, bevor Sie zu Bett gehen."
"Pred spaním stačí položiť prsteň na stôl."
"Und dann werdet ihr vor dem Morgen zurückgebracht"
"a potom ťa privedú späť pred ránom"
„Lebe wohl, liebe Schönheit", seufzte das Tier
„Zbohom milá kráska," vzdychla zver
Die Schönheit ging an diesem Abend sehr traurig ins Bett
kráska išla tej noci spať veľmi smutná
weil sie das Tier nicht so besorgt sehen wollte
pretože nechcela vidieť zver tak ustaranú
am nächsten Morgen fand sie sich im Haus ihres Vaters wieder
na druhý deň ráno sa ocitla v dome svojho otca

sie läutete eine kleine Glocke neben ihrem Bett
zazvonila na zvonček pri jej posteli
und das Dienstmädchen stieß einen lauten Schrei aus
a slúžka hlasno skríkla
und ihr Vater rannte nach oben
a jej otec vybehol hore
er dachte, er würde vor Freude sterben
myslel si, že zomrie od radosti
er hielt sie eine Viertelstunde lang in seinen Armen
držal ju v náručí štvrť hodiny
irgendwann waren die ersten Grüße vorbei
nakoniec prvé pozdravy skončili
Schönheit begann daran zu denken, aus dem Bett zu steigen
kráska začala myslieť na to, že vstane z postele
aber sie merkte, dass sie keine Kleidung mitgebracht hatte
ale uvedomila si, že si nepriniesla žiadne oblečenie
aber das Dienstmädchen sagte ihr, sie habe eine Kiste gefunden
ale chyžná jej povedala, že našla krabicu
der große Koffer war voller Kleider und Kleider
veľký kufor bol plný šiat a šiat
jedes Kleid war mit Gold und Diamanten bedeckt
každá róba bola pokrytá zlatom a diamantmi
Schönheit dankte dem Tier für seine freundliche Pflege
kráska poďakovala zvieraťu za jeho láskavú starostlivosť
und sie nahm eines der schlichtesten Kleider
a vzala si jedny z najobyčajnejších šiat
Die anderen Kleider wollte sie ihren Schwestern schenken
ostatné šaty zamýšľala dať sestrám
aber bei diesem Gedanken verschwand die Kleidertruhe
ale pri tej myšlienke truhla so šatami zmizla
Das Biest hatte darauf bestanden, dass die Kleidung nur für sie sei
beštia trvala na tom, že šaty sú len pre ňu
ihr Vater sagte ihr, dass dies der Fall sei
otec jej povedal, že je to tak

und sofort kam die Kleidertruhe wieder zurück
a hneď sa kufor šiat opäť vrátil
Schönheit kleidete sich mit ihren neuen Kleidern
kráska sa obliekla do nových šiat
und in der Zwischenzeit gingen die Mägde los, um ihre Schwestern zu finden
a medzitým išli slúžky hľadať svoje sestry
Ihre beiden Schwestern waren mit ihren Ehemännern
obe jej sestry boli so svojimi manželmi
aber ihre beiden Schwestern waren sehr unglücklich
ale obe jej sestry boli veľmi nešťastné
Ihre älteste Schwester hatte einen sehr gutaussehenden Herrn geheiratet
jej najstaršia sestra sa vydala za veľmi pekného pána
aber er war so selbstgefällig, dass er seine Frau vernachlässigte
ale mal sa tak rád, že svoju ženu zanedbával
Ihre zweite Schwester hatte einen geistreichen Mann geheiratet
jej druhá sestra sa vydala za vtipného muža
aber er nutzte seinen Witz, um die Leute zu quälen
ale svoju dôvtipnosť použil na mučenie ľudí
und am meisten quälte er seine Frau
a najviac zo všetkého trýznil svoju manželku
Die Schwestern der Schönheit sahen sie wie eine Prinzessin gekleidet
sestry krásy ju videli oblečenú ako princeznú
und sie waren krank vor Neid
a boli chorí závisťou
jetzt war sie schöner als je zuvor
teraz bola krajšia ako kedykoľvek predtým
ihr liebevolles Verhalten konnte ihre Eifersucht nicht unterdrücken
jej láskavé správanie nedokázalo potlačiť ich žiarlivosť
Sie erzählte ihnen, wie glücklich sie mit dem Tier war
povedala im, aká je šťastná so šelmou

und ihre Eifersucht war kurz vor dem Platzen
a ich žiarlivosť bola na prasknutie
Sie gingen in den Garten, um über ihr Unglück zu weinen
Išli dole do záhrady plakať nad svojim nešťastím
„Inwiefern ist dieses kleine Geschöpf besser als wir?"
"V čom je toto malé stvorenie lepšie ako my?"
„Warum sollte sie so viel glücklicher sein?"
"Prečo by mala byť taká šťastnejšia?"
„Schwester", sagte die ältere Schwester
„Sestra," povedala staršia sestra
„Mir ist gerade ein Gedanke gekommen"
"Práve ma napadla myšlienka"
„Versuchen wir, sie länger als eine Woche hier zu behalten"
"Skúsme ju tu udržať dlhšie ako týždeň"
„Vielleicht macht das das dumme Monster wütend"
"Možno to rozzúri to hlúpe monštrum"
„weil sie ihr Wort gebrochen hätte"
"pretože by porušila slovo"
"und dann könnte er sie verschlingen"
"a potom ju možno zožerie"
"Das ist eine tolle Idee", antwortete die andere Schwester
"To je skvelý nápad," odpovedala druhá sestra
„Wir müssen ihr so viel Freundlichkeit wie möglich entgegenbringen"
"Musíme jej prejaviť čo najväčšiu láskavosť"
Die Schwestern fassten den Entschluss
sestry si dali toto predsavzatie
und sie verhielten sich sehr liebevoll gegenüber ihrer Schwester
a k sestre sa správali veľmi láskavo
Die arme Schönheit weinte vor Freude über all ihre Freundlichkeit
úbohá kráska plakala od radosti zo všetkej ich dobroty
Als die Woche um war, weinten sie und rauften sich die Haare
keď uplynul týždeň, plakali a trhali si vlasy

es schien ihnen so leid zu tun, sich von ihr zu trennen
zdalo sa, že je im ľúto, že sa s ňou rozlúčili
und die Schönheit versprach, noch eine Woche länger zu bleiben
a kráska sľúbila, že zostane o týždeň dlhšie
In der Zwischenzeit konnte die Schönheit nicht umhin, über sich selbst nachzudenken
Kráska sa medzitým nemohla ubrániť reflexii samej seba
sie machte sich Sorgen darüber, was sie dem armen Tier antat
bála sa, čo robí úbohej beštii
Sie wusste, dass sie ihn aufrichtig liebte
vie, že ho úprimne miluje
und sie sehnte sich wirklich danach, ihn wiederzusehen
a veľmi túžila ho znova vidieť
Auch die zehnte Nacht verbrachte sie bei ihrem Vater
desiatu noc strávila aj u otca
sie träumte, sie sei im Schlossgarten
snívalo sa jej, že je v palácovej záhrade
und sie träumte, sie sähe das Tier ausgestreckt im Gras liegen
a snívalo sa jej, že videla zviera vytiahnuté na tráve
er schien ihr mit sterbender Stimme Vorwürfe zu machen
zdalo sa, že jej umierajúcim hlasom vyčítal
und er warf ihr Undankbarkeit vor
a obvinil ju z nevďačnosti
Schönheit erwachte aus ihrem Schlaf
kráska sa prebudila zo spánku
und sie brach in Tränen aus
a rozplakala sa
„Bin ich nicht sehr böse?"
"Nie som veľmi zlý?"
„War es nicht grausam von mir, so unfreundlich gegenüber dem Tier zu sein?"
"Nebolo odo mňa kruté správať sa tak neláskavo k tomu zvieraťu?"

„Das Biest hat alles getan, um mir zu gefallen"
"beštia urobila všetko preto, aby ma potešila"
"Ist es seine Schuld, dass er so hässlich ist?"
"Je to jeho chyba, že je taký škaredý?"
„Ist es seine Schuld, dass er so wenig Verstand hat?"
"Je to jeho chyba, že má tak málo rozumu?"
„Er ist freundlich und gut, und das genügt"
"Je milý a dobrý a to stačí"
„Warum habe ich mich geweigert, ihn zu heiraten?"
"Prečo som si ho odmietla vziať?"
„Ich sollte mit dem Monster glücklich sein"
"Mal by som byť šťastný s monštrom"
„Schau dir die Männer meiner Schwestern an"
"pozri na manželov mojich sestier"
„Weder Witz noch Schönheit machen sie gut"
"ani vtip, ani pekná bytosť ich nerobia dobrými"
„Keiner ihrer Ehemänner macht sie glücklich"
"ani jeden z ich manželov ich nerobí šťastnými"
„sondern Tugend, Sanftmut und Geduld"
"ale cnosť, láskavosť a trpezlivosť"
„Diese Dinge machen eine Frau glücklich"
"tieto veci robia ženu šťastnou"
„und das Tier hat all diese wertvollen Eigenschaften"
"a zviera má všetky tieto cenné vlastnosti"
„es ist wahr, ich empfinde keine Zärtlichkeit und Zuneigung für ihn"
"Je to pravda; necítim k nemu nežnosť náklonnosti"
„aber ich empfinde für ihn die allergrößte Dankbarkeit"
"Ale zistil som, že som zaňho najviac vďačný."
„und ich habe die höchste Wertschätzung für ihn"
"a najviac si ho vážim"
"und er ist mein bester Freund"
"a on je môj najlepší priateľ"
„Ich werde ihn nicht unglücklich machen"
"Neurobím ho nešťastným"
„Wenn ich so undankbar wäre, würde ich mir das nie

verzeihen"
"Keby som bol taký nevďačný, nikdy by som si to neodpustil"
Schönheit legte ihren Ring auf den Tisch
kráska položila prsteň na stôl
und sie ging wieder zu Bett
a opäť išla spať
kaum war sie im Bett, da schlief sie ein
málo bola v posteli, kým zaspala
Sie wachte am nächsten Morgen wieder auf
na druhý deň ráno sa opäť zobudila
und sie war überglücklich, sich im Palast des Tieres wiederzufinden
a bola nesmierne šťastná, že sa ocitla v paláci šelmy
Sie zog eines ihrer schönsten Kleider an, um ihm zu gefallen
obliekla si jedny zo svojich najkrajších šiat, aby ho potešila
und sie wartete geduldig auf den Abend
a trpezlivo čakala na večer
kam die ersehnte Stunde
prišla vytúžená hodina
die Uhr schlug neun, doch kein Tier erschien
hodiny odbili deviatu, ale žiadne zviera sa neobjavilo
Schönheit befürchtete dann, sie sei die Ursache seines Todes gewesen
kráska sa vtedy bála, že bola príčinou jeho smrti
Sie rannte weinend durch den ganzen Palast
s plačom behala po celom paláci
nachdem sie ihn überall gesucht hatte, erinnerte sie sich an ihren Traum
keď ho všade hľadala, spomenula si na svoj sen
und sie rannte zum Kanal im Garten
a rozbehla sa ku kanálu v záhrade
Dort fand sie das arme Tier ausgestreckt
tam našla úbohú zver natiahnutú
und sie war sicher, dass sie ihn getötet hatte
a bola si istá, že ho zabila
sie warf sich ohne Furcht auf ihn

vrhla sa na neho bez akéhokoľvek strachu
sein Herz schlug noch
jeho srdce stále bilo
sie holte etwas Wasser aus dem Kanal
nabrala trochu vody z kanála
und sie goss das Wasser über seinen Kopf
a vyliala mu vodu na hlavu
Das Tier öffnete seine Augen und sprach mit der Schönheit
šelma otvorila oči a prihovorila sa kráske
„Du hast dein Versprechen vergessen"
"Zabudol si na svoj sľub"
„Es hat mir das Herz gebrochen, dich verloren zu haben"
"Bolo mi tak zlomené srdce, že som ťa stratil"
„Ich beschloss, zu hungern"
"Rozhodol som sa hladovať"
„aber ich habe das Glück, Sie wiederzusehen"
"ale mám to šťastie, že ťa ešte raz vidím"
„so habe ich das Vergnügen, zufrieden zu sterben"
"Takže mám to potešenie zomrieť spokojný"
„Nein, liebes Tier", sagte die Schönheit, „du darfst nicht sterben"
"Nie, drahé zviera," povedala kráska, "nesmieš zomrieť"
„Lebe, um mein Ehemann zu sein"
"Žiť ako môj manžel"
„Von diesem Augenblick an reiche ich dir meine Hand"
"od tejto chvíle ti podávam ruku"
„und ich schwöre, niemand anderes als Dein zu sein"
"a prisahám, že nebudem nikto iný ako tvoj"
„Ach! Ich dachte, ich hätte nur Freundschaft für dich."
"Bohužiaľ! Myslel som, že mám pre teba len priateľstvo."
"aber der Kummer, den ich jetzt fühle, überzeugt mich;"
"ale smútok, ktorý teraz cítim, ma presvedčil."
„Ich kann nicht ohne dich leben"
"Nemôžem žiť bez teba"
Schönheit hatte diese Worte kaum gesagt, als sie ein Licht sah

kráska sotva povedala tieto slová, keď uvidela svetlo
der Palast funkelte im Licht
palác žiaril svetlom
Feuerwerk erleuchtete den Himmel
ohňostroj rozžiaril oblohu
und die Luft erfüllt mit Musik
a vzduch naplnený hudbou
alles kündigte ein großes Ereignis an
všetko naznačovalo nejakú veľkú udalosť
aber nichts konnte ihre Aufmerksamkeit fesseln
ale nič nedokázalo udržať jej pozornosť
sie wandte sich ihrem lieben Tier zu
obrátila sa k svojej drahej zveri
das Tier, vor dem sie vor Angst zitterte
šelma, pre ktorú sa triasla od strachu
aber ihre Überraschung über das, was sie sah, war groß!
ale jej prekvapenie bolo veľké z toho, čo videla!
das Tier war verschwunden
zver zmizol
stattdessen sah sie den schönsten Prinzen
namiesto toho videla toho najkrajšieho princa
sie hatte den Zauber beendet
ukončila kúzlo
ein Zauber, unter dem er einem Tier ähnelte
kúzlo, pod ktorým sa podobal na šelmu
dieser Prinz war all ihre Aufmerksamkeit wert
tento princ bol hodný všetkej jej pozornosti
aber sie konnte nicht anders und musste fragen, wo das Biest war
no nedalo sa nespýtať, kde je tá zver
„Du siehst ihn zu deinen Füßen", sagte der Prinz
„Vidíš ho pri nohách," povedal princ
„Eine böse Fee hatte mich verdammt"
"Zlá víla ma odsúdila"
„Ich sollte diese Gestalt behalten, bis eine wunderschöne Prinzessin einwilligte, mich zu heiraten."

"Mal som zostať v tejto forme, kým krásna princezná nesúhlasí, že si ma vezme."
„Die Fee hat mein Verständnis verborgen"
"Víla skryla moje pochopenie"
„Du warst der Einzige, der großzügig genug war, um von meiner guten Laune bezaubert zu sein."
"Bol si jediný dostatočne veľkorysý na to, aby si bol očarený dobrotou mojej povahy."
Schönheit war angenehm überrascht
kráska bola šťastne prekvapená
und sie gab dem bezaubernden Prinzen ihre Hand
a podala pôvabnému princovi ruku
Sie gingen zusammen ins Schloss
šli spolu do hradu
und die Schöne war überglücklich, ihren Vater im Schloss zu finden
a kráska bola nesmierne šťastná, keď našla svojho otca v zámku
und ihre ganze Familie war auch da
a bola tam aj celá jej rodina
sogar die schöne Dame, die in ihrem Traum erschienen war, war da
bola tam aj krásna dáma, ktorá sa jej objavila vo sne
"Schönheit", sagte die Dame aus dem Traum
„krása," povedala pani zo sna
„Komm und empfange deine Belohnung"
"príď a získaj svoju odmenu"
„Sie haben die Tugend dem Witz oder dem Aussehen vorgezogen"
"uprednostňuješ cnosť pred vtipom alebo vzhľadom"
„und Sie verdienen jemanden, in dem diese Eigenschaften vereint sind"
"a zaslúžiš si niekoho, v kom sú tieto vlastnosti spojené"
„Du wirst eine großartige Königin sein"
"budeš veľkou kráľovnou"
„Ich hoffe, der Thron wird deine Tugend nicht schmälern"

"Dúfam, že trón nezmenší tvoju cnosť"
Dann wandte sich die Fee an die beiden Schwestern
potom sa víla obrátila k dvom sestrám
„Ich habe in eure Herzen geblickt"
"Videl som do tvojich sŕdc"
„und ich kenne die ganze Bosheit, die in euren Herzen steckt"
"a viem, že všetka zloba obsahuje tvoje srdcia"
„Ihr beide werdet zu Statuen"
"vy dvaja sa stanete sochami"
„Aber ihr werdet euren Verstand bewahren"
"ale zachovaj si rozum"
„Du sollst vor den Toren des Palastes deiner Schwester stehen"
"Budeš stáť pri bránach paláca svojej sestry"
„Das Glück deiner Schwester soll deine Strafe sein"
"šťastie tvojej sestry bude tvojím trestom"
„Sie werden nicht in Ihren früheren Zustand zurückkehren können"
"nebudeš sa môcť vrátiť do svojich bývalých štátov"
„es sei denn, Sie beide geben Ihre Fehler zu"
"pokiaľ si obaja nepriznáte svoje chyby"
„Aber ich sehe voraus, dass ihr immer Statuen bleiben werdet"
"Ale predpokladám, že vždy zostanete sochami."
„Stolz, Zorn, Völlerei und Faulheit werden manchmal besiegt"
"pýcha, hnev, obžerstvo a nečinnosť sú niekedy porazené"
„aber die Bekehrung neidischer und böswilliger Gemüter sind Wunder"
" ale obrátenie závistivých a zlomyseľných myslí sú zázraky"
sofort strich die Fee mit ihrem Zauberstab
hneď víla pohladila prútikom
und im nächsten Augenblick waren alle im Saal entrückt
a o chvíľu sa previezli všetci, čo boli v sále
Sie waren in die Herrschaftsgebiete des Fürsten

eingedrungen
vošli do kniežacích panstiev
die Untertanen des Prinzen empfingen ihn mit Freude
princovi poddaní ho prijali s radosťou
der Priester heiratete die Schöne und das Biest
kňaz sa oženil s kráskou a zvieraťom
und er lebte viele Jahre mit ihr
a prežil s ňou mnoho rokov
und ihr Glück war vollkommen
a ich šťastie bolo úplné
weil ihr Glück auf Tugend beruhte
pretože ich šťastie bolo založené na cnosti

Das Ende
Koniec

www.ingramcontent.com/pod-product-compliance
Lightning Source LLC
Chambersburg PA
CBHW011552070526
44585CB00023B/2571